GOUVERNEMENT GÉNÉRAL DE L'ALGÉRIE

DIRECTION DES AFFAIRES INDIGÈNES

Initiation pratique des Indigènes

à l'Agriculture et à l'Industrie

ŒUVRE POURSUIVIE ET RÉSULTATS OBTENUS

CENTRES D'ÉDUCATION AGRICOLE ET INDUSTRIELLE

ET

DJEMAAT-EL-FELAHA

ALGER

IMPRIMERIE ADMINISTRATIVE ÉMILE PFISTER

9, Rue Trollier, 9

1923

GOUVERNEMENT GÉNÉRAL DE L'ALGÉRIE

DIRECTION DES AFFAIRES INDIGÈNES

Initiation pratique des Indigènes à l'Agriculture et à l'Industrie

ŒUVRE POURSUIVIE ET RÉSULTATS OBTENUS

CENTRES D'ÉDUCATION AGRICOLE ET INDUSTRIELLE

ET

DJEMAAT-EL-FELAHA

ALGER
IMPRIMERIE ADMINISTRATIVE ÉMILE PFISTER
9, Rue Trollier, 9

1923

INITIATION PRATIQUE DES INDIGÈNES

A L'AGRICULTURE ET A L'INDUSTRIE

Agriculture. — Quand on parcourt les diverses régions de l'Algérie, on est frappé du contraste saisissant qu'offrent, le plus souvent, la campagne européenne et la campagne indigène.

Des terres bien travaillées, de beaux vignobles, de magnifiques vergers attestent que les colons ont su rendre aux territoires sur lesquels ils sont établis, la remarquable prospérité qu'ils avaient autrefois et dont parlent les auteurs anciens.

Mais, tandis que les agriculteurs européens améliorent sans cesse leurs exploitations, de trop nombreux fellahs utilisent encore l'araire primitif, ignorent les procédés modernes de culture et n'obtiennent que de faibles rendements sur les vastes superficies qu'ils cultivent. Leur situation économique reste ainsi précaire et s'aggrave dès que surviennent des années déficitaires. On voit alors apparaître la misère, les épidémies, et c'est au budget de la Colonie qu'incombe la lourde charge de conjurer ces calamités.

Le meilleur remède à ce fâcheux état de choses consiste incontestablement à améliorer, dans toute la mesure possible, la production indigène, de façon à prévenir le retour des crises économiques qu'une nature inégale et capricieuse rend toujours possible.

Pour atteindre un pareil résultat dont l'importance ne saurait échapper à aucun esprit averti, la Direction des Affaires indigènes, se conformant aux vœux des Assemblées Algériennes, et aux directives de M. le Gouverneur Général, organise, dans les communes mixtes, des centres d'éducation professionnelle et des Djemâat-el-Felaha (Association de fellahs pour la culture).

Les centres d'éducation professionnelle ont pour objet, au point de vue agricole :

1° de propager, parmi les fellahs, des procédés de culture simples mais rationnels ;

2° de fournir aux fellahs les moyens de mettre en application les méthodes enseignées ;

3° de coordonner et de compléter l'action des institutions communales déjà existantes, telles que les Sociétés de Prévoyance et les Mutuelles-Labours, dans le but de régulariser et de développer la production indigène.

Ils sont placés sous le contrôle de l'administrateur de la commune mixte, assisté d'un Comité consultatif composé de colons et d'indigènes compétents, et de l'inspecteur de l'enseignement professionnel attaché à la Direction des Affaires indigènes. En outre de la section agricole, ils comprennent généralement des sections industrielles dont il sera question plus loin (forge, charronnage, bourrellerie, maçonnerie, etc...). En pays arabe, c'est naturellement la partie agricole qui a le plus d'importance, tandis qu'en pays kabyle, la partie industrielle l'emporte.

En ce qui concerne l'agriculture, chaque centre possède une ferme avec ses dépendances et terrains de culture, prélevés, autant que possible, sur le domaine communal.

Les dépenses de premier établissement sont supportées, en majeure partie, par la Colonie, la commune n'y contribuant que dans la mesure de ses disponibilités budgétaires, souvent minimes. Par la suite, l'exploitation du domaine doit fournir des bénéfices suffisants pour couvrir les dépenses de fonctionnement de l'institution, et constituer, au besoin, un fonds de réserve.

Une organisation simple et pratique de ce genre doit permettre, dans un avenir prochain, aux centres d'éducation professionnelle, de vivre par leurs propres moyens, et de produire tous leurs effets, sans faire appel aux libéralités de la Colonie ou des communes.

L'éducation agricole est donnée, à la fois, à la ferme exploitée par le centre, et, sur place, dans les douars.

C'est par roulement, à des saisons différentes et au moment où ils ont chez eux le moins d'occupations, par exemple à l'époque des labours préparatoires, que la plupart d'entre eux ne pratiquent pas encore, que les fellahs viennent aux centres d'éducation pour y accomplir un stage d'environ 8 à 15 jours. Ils reçoivent, à titre d'encouragement, un salaire journalier, et effectuent des travaux qui, tout en assurant l'exploitation du domaine, leur inculquent les notions nécessaires pour améliorer leurs propres cultures. Ils apprennent, notamment, la conduite des diverses charrues et herses, des faucheuses, moissonneuses, etc..., ainsi que la pratique de diverses opérations culturales, telles que les labours préparatoires, greffages, plantations, etc... Cet apprentissage, ainsi limité, mais cependant très fructueux, une fois terminé, les fellahs acquièrent, avec ou sans l'aide de la Société de prévoyance locale, les instruments et animaux indispensables pour cultiver leurs terres, suivant les procédés appris à la ferme du centre.

Un chef de culture, choisi, autant que possible, parmi les anciens élèves des écoles d'agriculture, mais, en tout cas, bon praticien, parlant la langue des indigènes, connaissant leur mentalité, leurs habitudes agricoles, dirige le domaine, secondé par un garçon de ferme qui le supplée lorsqu'il s'absente pour se rendre en tournée chez les fellahs de la région. Dans la mesure des nécessités, des chefs de culture spéciaux sont chargés de secteurs comprenant plusieurs douars. Ces moniteurs, pourvus de montures pour leurs déplacements, gardent constamment le contact avec les cultivateurs, et ont la mission de diriger leurs efforts.

En tant qu'agents de renseignements et de surveillance, ils établissent, avec les caïds, la liste des khammès, ouvriers agricoles et fellahs de leurs secteurs, s'enquièrent de la superficie des terres de labour, du nombre d'animaux de travail et des instruments aratoires possédés par les cultivateurs. Ils signalent les fellahs qui ont réellement besoin de la Société de prévoyance et contrôlent l'emploi des prêts de semences et de cheptel vif et mort consentis par cette Société. A un prêt de 4 quintaux d'orge, par exemple, doivent correspondre des emblavures d'environ 4 hectares. Les chefs de culture enregistrent également les superficies ensemencées en blé dur, blé tendre, orge, avoine, fèves, le nombre d'hectares ayant reçu des labours préparatoires, les rendements obtenus, les arbres fruitiers possédés, et enfin, ils notent la superficie des terrains propres à la culture qui appartiennent aux particuliers, à la commune, au domaine, et qui restent incultes.

Tous ces renseignements permettent de suivre au jour le jour, la situation économique indigène, de connaître les capacités de remboursement des emprunteurs de la Société de Prévoyance ou de la Caisse de crédit agricole. Ils peuvent, d'autre part, être utilisés avec profit par le service chargé de l'assiette de l'impôt.

Des registres spéciaux, soumis à la vérification de l'Inspecteur de l'enseignement professionnel, dont quelques extraits sont insérés à la fin de ce travail, donnent une idée précise de la façon dont les chefs de culture s'acquittent de la tâche qui leur est confiée. Par leur action quotidienne et leurs conseils incessants, ces agents jouent, auprès des agriculteurs indigènes, un rôle en quelque sorte analogue à celui du colon dirigeant son exploitation. Ils veillent à ce que les ensemencements se fassent de bonne heure, et rappellent que, seules, les premières semailles fournissent généralement une récolte avantageuse. Ils incitent les fellahs à adopter la charrue moderne, à faire des labours préparatoires, garants de meilleurs résultats. Ils vérifient, modifient les attelages, montrent comment on règle une charrue pour labourer en largeur, en profondeur ; comment les instruments aratoires doivent être conduits, entretenus pour ne pas être détériorés, cassés. Ils indiquent que tels ou tels terrains pourraient être utilement défrichés, épierrés, conviendraient de préférence à telles cultures, à l'établissement de vergers, etc... Ils montrent comment on sulfate les semences, comment on plante un arbre, on greffe, comment on taille, comment se font les réserves fourragères, comment on soigne le bétail, comment s'emploient les engrais, comment les eaux des ravins, des sources, peuvent être aménagées, etc., etc...

Les labours et les semailles étant terminés, les fellahs peuvent être occupés, sous leur direction, au défrichement des communaux et à leur mise en valeur. En un mot, le rôle des chefs de culture est, tout en aidant au perfectionnement de l'agriculture indigène, de créer dans chaque douar un noyau de bons cultivateurs, destinés à servir d'exemple à leurs coreligionnaires et qui, par une heureuse contagion, entraîneront peu à peu vers le progrès les routiniers récalcitrants.

Le concours des chefs de culture est également des plus précieux pour le fonctionnement des Sociétés de Prévoyance et des Mutuelles-Labours. L'emploi et le remboursement des prêts individuels des Sociétés de Prévoyance étant dorénavant l'objet d'une surveillance plus étroite, ces prêts deviendront plus nombreux et plus importants. Des instruments, tels que les moissonneuses, les faucheuses, les batteuses, etc., pourront être achetés et utilisés en commun par les fellahs, avec l'aide et sous le contrôle des chefs de culture. Ces derniers seront également mis à contribution pour surveiller, soigner les réserves de grains faites dans des docks établis à côté de la ferme du centre. Enfin les travaux des Mutuelles-Labours ne pourront que gagner à être dirigés par ces agents.

Industrie. — A cet égard, s'il s'agit des milieux vivant principalement des productions du sol, le centre d'éducation s'occupe, tout d'abord, des métiers se rapportant à l'agriculture. Les fellahs ne peuvent, en effet, utiliser convenablement des instruments aratoires perfectionnés, qu'autant qu'ils ont près d'eux des artisans capables d'y faire les réparations les plus courantes. Ces artisans sont formés dans les ateliers du centre, sous la direction de maîtres-ouvriers. Ils constituent des sortes de demi-ouvriers qui, s'ils sont indispensables dans les exploitations indigènes, peuvent aussi, à l'occasion, se rendre utiles dans les exploitations européennes. Des ouvriers maçons sont également formés. Ces apprentis participent à la construction et à l'entretien des bâtiments appartenant à la commune. Ils travaillent aussi pour les particuliers qui les réclament, et nul doute que les artisans de cet ordre ne contribuent à modifier heureusement l'habitation indigène et à rendre plus confortable le gourbi encore si primitif.

Le centre s'applique, par ailleurs, à développer les industries locales déjà existantes comme la sparterie, la vannerie, la poterie, la bijouterie, etc...

Il tente, enfin, d'établir des industries nouvelles sous le toit familial, de manière à utiliser une partie de l'énorme main-d'œuvre féminine presque complètement inoccupée, notamment en Kabylie, et qui pourrait aisément apprendre la fabrication de divers objets : espadrilles, balais, brosses, etc..., autant d'industries rémunératrices susceptibles d'apporter une certaine aisance au foyer domestique, et une appréciable contribution au développement économique du pays.

Le centre d'éducation bénéficie naturellement du produit du travail effectué par ses diverses sections industrielles, et il récupère ainsi une partie notable des frais nécessaires pour son fonctionnement.

Il peut enfin paraître opportun de provoquer une saine émulation parmi les fellahs et parmi les artisans, à l'aide de concours locaux dont l'organisation serait confiée aux centres d'éducation ;. l'administration se préoccupe de cette question.

Telles sont, dans leurs grandes lignes, les bases de l'institution qui a été fondée, dans le but de secouer la torpeur du monde indigène du travail, et de l'amener à faire œuvre utile pour améliorer son sort matériel, et l'associer davantage à la production, et à la vie économique du pays.

Les centres d'éducation qui se développent dans le cadre communal, sous le double contrôle de l'administration préfectorale et du Gouvernement général, semblent parfaitement adaptés aux besoins des intéressés. Ils bénéficient de l'influence des chefs indigènes et de l'autorité des administrateurs qui, l'une et l'autre, sont la condition indispensable de leur succès.

Dans chaque commune, l'activité du centre est orientée par le Comité consultatif siégeant aux côtés de l'administrateur, et qui se réunit aussi souvent que les circonstances l'exigent. C'est ce comité, où des compétences locales sont réunies, qui, d'accord avec le chef de la commune et l'Inspecteur de l'enseignement professionnel, dresse le programme économique local à réaliser.

Tout le personnel de la commune mixte apporte sa collaboration à l'œuvre entreprise, afin que le fonctionnement n'ait jamais à souffrir des mutations qui peuvent se produire.

Les résultats déjà obtenus, bien que les créations soient de date toute récente, sont encourageants et font naître de belles espérances pour l'avenir, ainsi qu'on en pourra juger par les renseignements ci-après puisés sur place.

ANNEE 1922-1923

Centre d'Éducation de Tablat

Section agricole. — La ferme est en voie d'organisation. Le domaine comprend 160 hectares environ. Sur cette superficie, 20 hectares ont été ensemencés en blé et 30 hectares viennent de recevoir des labours préparatoires. La récolte en terre s'annonce comme devant être abondante. Le chef de culture, dont le secteur comprend 5 douars, a visité 138 fellahs, lesquels, sous sa direction, ont épierré et défriché. Les souches de lentisque extraites, en servant à faire du charbon, ont couvert les frais de défrichement.

60 fellahs ont accompli leur stage dans le domaine du centre, où ils ont appris le maniement de la charrue française. Une douzaine d'entre eux comprenant l'importance des labours préparatoires, les ont ensuite effectués sur leurs propres terres.

11 charrues Poitevin et 14 charrues Margot ont été commandées par des fellahs, sur les conseils qui leur ont été donnés.

Sections industrielles. — Le chiffre des apprentis est actuellement de 4 pour la maçonnerie, de 3 pour la forge et le charronnage, de 4 pour la menuiserie. Il faut dire que ces sections n'ont été constituées que le mois de février dernier. La section de maçonnerie construit présentement les ateliers destinés à la menuiserie. La section de forge a été occupée à des réparations d'instruments aratoires. Le montant des travaux effectués, qui a été encaissé au profit du centre, s'élève, pour la maçonnerie, à 1.500 frs, pour la forge à 500 frs et, pour la menuiserie, à 600 francs.

Centre d'Éducation de Berrouaghia

Section agricole. — Le projet d'installation d'une ferme est à l'étude. Le chef de culture a visité 143 fellahs, et donné un apprentissage plus complet à une dizaine d'entre eux. 30 charrues françaises vont être acquises à bref délai par les agriculteurs indigènes, avec l'aide de la Société de Prévoyance et 6 sans le secours de cette société. Poussés par le chef de culture, d'assez nombreux fellahs de cette commune procèdent à des labours préparatoires.

Sections industrielles. — Les apprentis sont au nombre de 4 pour la maçonnerie, de 4 pour la forge et de 6 pour la menuiserie. Ces divers apprentis ont fait des progrès très satisfaisants, et quelques-uns d'entre eux sont déjà des demi-ouvriers.

Les travaux effectués par ces sections se montent à 1.300 francs.

Centre d'Éducation de Chellala

Section agricole. — Le domaine, très important, exploité depuis novembre dernier, a une superficie de 600 hectares, dont 100 hectares ont été ensemencés : 73 en orge et le reste en blé et avoine. 150 hectares ont reçu des labours préparatoires. Un verger et un jardin potager ont été créés, et des seguias aménagées. Des écuries importantes et des hangars-abris pour les ovins viennent d'être construits.

20 indigènes reçoivent à la ferme communale un apprentissage complet avant d'être disséminés dans les douars, où ils serviront de moniteurs et donneront le bon exemple. 30 fellahs sont venus participer aux labours et aux semailles, après quoi, ils ont contribué, avec les cultivateurs du douar Zerguine, à la mise en valeur d'une étendue de 1.200 hectares, qui sera ensemencée par les indigènes, lors de la prochaine campagne.

Le Centre de Chellala, situé dans une région où la population s'adonne principalement à l'élevage du mouton, va s'employer à apprendre aux indigènes à tirer un meilleur parti de leurs troupeaux.

Sections industrielles. — Les sections de forge, de charronnage, de sparterie comptent chacune 8 apprentis. Le montant des travaux exécutés par la section de maçonnerie s'élève à 30.000 francs. La section de sparterie a vendu pour 890 francs de nattes, et les réparations faites par les apprentis charrons-forgerons se sont montées à 2.600 francs.

Centre d'Éducation de Canrobert

Section agricole. — La ferme exploite d'importantes superficies. 321 hectares de communaux ont été emblavés en céréales et promettent une bonne récolte. Une centaine d'hectares ont reçu des labours préparatoires. 80 fellahs venant dans le Centre à tour de rôle, y ont fait un apprentissage profitable. 25 d'entre eux achèteront prochainement, avec l'aide de la Société de Prévoyance, une charrue française ou améliorée. Plus de 300 charrues françaises sont déjà utilisées par les fellahs de la commune, et 50 d'entre eux ont effectué des labours préparatoires.

Enfin, dans les douars El-Hassi, Fekrina, Medfoun et Sidi-Reghiss, des agriculteurs indigènes forment le projet d'utiliser des espicadoras en commun, sous la direction d'un chef de culture du Centre.

Sections industrielles. — Le nombre des apprentis est de 6 pour la section de menuiserie-charronnage, de 6 pour la forge, de 6 pour la maçonnerie et de 4 pour la bourrellerie.

Du 1ᵉʳ janvier au 30 avril 1923, les sections de forge et de menuiserie-charronnage ont effectué pour 2.880 frs de travaux, celle de bourrellerie pour 875 frs, et celle de maçonnerie pour 1.030 francs.

Centre d'Éducation des Eulma

Section agricole. — 60 hectares ont été ensemencés en blé, orge et avoine. 90 hectares sont soumis aux travaux préparatoires. La récolte prochaine, en procurant les grains nécessaires aux ensemencements, va permettre d'accroître sérieusement au mois d'octobre l'importance de l'exploitation.

18 fellahs ont appris à la ferme communale la conduite des charrues et herses françaises. 260 fellahs ont été visités par le chef de culture et 12 d'entre eux vont acheter des charrues modernes. 30 cultivateurs indigènes effectuent des labours préparatoires et 16, écoutant les conseils du chef de culture, sont occupés à épierrer et à défricher leurs champs.

Dans ce Centre, créé en décembre dernier, les sections industrielles n'ont pas encore été installées.

Centre d'éducation de Fedj-M'Zala

Section agricole. — Le chef de culture, installé seulement depuis le 15 octobre 1922, a surtout porté ses efforts sur la mise en culture du domaine du Centre.

43 hectares ont été ensemencés et 20 hectares vont être préparés. Un verger a été créé. Une pépinière de boutures d'oliviers et d'arbres fruitiers a été établie sur une parcelle de terre irrigable, mise gracieusement à la disposition du Centre par M. Vallet, qui fait partie du Comité consultatif, où il apporte les lumières d'une compétence spéciale, en même temps que le plus grand dévouement. Les plants d'arbres, une fois greffés, seront distribués aux agriculteurs de la région.

50 fellahs ont participé à la mise en valeur de la ferme communale, où ils se sont initiés au réglage et à l'attelage des charrues françaises. Une centaine de fellahs exécutent des labours préparatoires, tandis qu'une cinquantaine d'autres, stimulés par le chef de culture, procèdent à l'épierrement et au défrichement de leurs champs.

Les achats de charrues françaises par les indigènes de cette commune sont encore peu nombreux, mais la situation, à cet égard, s'améliorera rapidement, lorsque la Société de Prévoyance se trouvera en mesure de consentir des prêts suffisants.

Sections industrielles. — Le chiffre des apprentis est de 6 pour la maçonnerie, de 5 pour la menuiserie et de 2 pour la forge. Les résultats obtenus sont déjà très satisfaisants pour les apprentis maçons qui ont exécuté pour 5.630 francs de travaux. La section de menuiserie a produit 3.479 francs et la section de forge a effectué pour 1.724 francs de réparations.

Centre d'éducation de Renault

Section agricole. — 82 hectares sont ensemencés en blé; 10 en avoine; 15 en orge; 10 en vesces. Plus de 100 hectares sont préparés. La récolte qui s'annonce très favorable permettra vraisemblablement d'assurer le fonctionnement du Centre pendant l'année 1924.

50 fellahs ont été initiés à l'emploi de nos principaux instruments aratoires.

Les deux chefs de culture du Centre ont visité environ 2.500 fellahs pour les déterminer à commencer les labours de bonne heure et veiller à ce que le travail soit exécuté dans de bonnes conditions.

Ces agents ont enregistré 50 demandes de charrues françaises. Sous leur impulsion, plus de 500 fellahs effectuent des labours préparatoires. Grâce aux indications des chefs de culture, une trentaine de cultivateurs ont appris à tailler leurs figuiers, à faire quelques cultures de printemps, et une cinquantaine de fellahs épierrent et défrichent, tandis que deux cents autres se mettent à utiliser leurs fumiers pour la culture.

Sections industrielles. — Une seule section, celle de la maçonnerie, a été créée jusqu'ici. Elle donne d'excellents résultats et ses quatre apprentis ont effectué, à l'heure actuelle, pour plus de 2.000 francs de travaux.

Centre d'éducation d'Ammi-Moussa

Section agricole. — Les emblavures comprennent 22 hectares de blé, 34 hectares d'orge, 12 hectares d'avoine. Les rendements favorables escomptés paieront la majeure partie des dépenses de fonctionnement du Centre pendant l'année 1924. Les labours préparatoires ont porté sur 24 hectares.

288 fellahs ont appris à conduire nos instruments aratoires.

Les trois chefs de culture du Centre qui se partagent les douars de la commune ont fait preuve de beaucoup d'activité. Ils sont entrés en rapport avec près de 5.000 fellahs, parmi lesquels 200 se sont mis en instance pour acquérir des charrues françaises, et 50 des herses, avec l'aide de la Société de Prévoyance. En outre, 20 charrues modernes et 10 herses seront achetées sans le concours de cette Société.

Dès le début de la campagne agricole, 100 charrues françaises et environ 650 bœufs de travail avaient été répartis entre des fellahs, et leur emploi, surveillé par les chefs de culture, a donné toute satisfaction.

De très nombreux cultivateurs se sont mis aux labours de printemps, et 300 d'entre eux, écoutant les conseils des chefs de culture, s'occupent à épierrer et à défricher leurs terrains.

Grâce à l'apprentissage accompli sur le domaine du Centre et aux efforts des chefs de culture, les semailles ont reçu de meilleurs soins et les emblavures ont dépassé les superficies antérieures. Les surfaces ensemencées sont de 40.000 hectares, alors qu'elles n'étaient que de 32.000 hectares en 1918-1919, année où les labours furent cependant très intensifiés.

La situation économique de cette commune qui fut si grave en 1920-1921, va se retrouver normale après la prochaine moisson qui paraît devoir être particulièrement abondante.

A la suite de la récolte, cependant modeste, de 1922, la Société de Prévoyance a pu recouvrer pour 900.000 francs de prêts consentis aux fellahs et ce résultat a été dû à l'action incessante des chefs de culture du Centre.

Sections industrielles. — La section de maçonnerie a, seule, été installée jusqu'ici. Elle comprend 6 apprentis qui, sous la direction du maître-ouvrier, ont réparé les bâtiments communaux, et construit un pavillon à l'infirmerie indigène dans d'excellentes conditions.

Centre d'éducation de Zemmora

Section agricole. — Ce Centre ne possède pas encore de ferme. Les trois secteurs agricoles : Zemmora, Mendez et Montgolfier ont été pourvus, chacun, d'un chef de culture. Les fellahs visités ont été de 861 pour Zemmora, de 753 pour Mendez et de 660 pour Montgolfier.

Dès le début de la campagne agricole, par les soins des chefs de culture, 65 charrues françaises avec âge en bois, modèle Bel-Abbès, et 45 charrues françaises en fer, modèle Billiard, ont été distribuées aux fellahs. Depuis, une centaine d'autres fellahs ont manifesté leur désir d'avoir des charrues modernes et des herses. Les préférences des cultivateurs indigènes vont à la charrue française avec âge en bois. Le modèle fourni l'an dernier devra être légèrement renforcé. La herse, presque inconnue à ce jour, sera en fer et d'un modèle spécialement établi pour les petits fellahs.

Tous les instruments dont il s'agit sont mis à la disposition des agriculteurs par la Société indigène de prévoyance, laquelle leur a, en outre, procuré 472 bovins pour leur permettre de compléter leurs attelages. En raison de l'active surveillance exercée par les chefs de culture, la mortalité n'a pas même éprouvé le cheptel de travail dans la proportion de 1 %. Cette perte minime était, au surplus, couverte par une assurance.

Dans les trois secteurs, sur 2.274 fellahs, 462 ont effectué des labours préparatoires sur une superficie de 3.000 hectares, alors qu'avant l'installation des chefs de culture, un nombre insignifiant d'agriculteurs indigènes, environ 80, pratiquaient cette excellente méthode culturale.

Le résultat de l'effort accompli par le Centre de Zemmora pour intensifier la production indigène en céréales dans cette commune, mérite d'être souligné. Les semences confiées à la terre ont dépassé de plus de 16.000 quintaux celles de 1920-1921, ce qui représente une sérieuse augmentation des emblavures.

Sections industrielles. — Les sections industrielles seront installées dès que la commune aura pris possession de l'immeuble acheté dans ce but. Toutes les dispositions sont arrêtées pour que l'apprentissage en maçonnerie, forge et charronnage puisse commencer au mois d'octobre prochain.

DJEMAAT-EL-FELAHA

Les Djemâat-el-Felaha se proposent de réunir des fellahs en association dans un but commun d'intérêt agricole, de grouper et de diriger ainsi les initiatives privées.

Ces institutions complètent l'action des Centres d'éducation au point de vue agricole; elles s'adressent à la fois aux anciens cultivateurs ruinés qui ne possèdent plus ni terrains, ni cheptel, aux khammès, simples journaliers travailleurs de la terre, aux fellahs qui, ayant en mains des moyens culturaux, sont désireux de les exploiter ensemble pour leur donner plus d'extension.

La direction de la djemaat-el-felaha appartient à un Conseil d'administration présidé par l'administrateur de la commune mixte. Un chef de culture a la conduite de l'entreprise.

Les avances nécessaires pour l'acquisition du cheptel de travail, l'achat des semences, la location des terrains domaniaux ou communaux sont faites aux sociétaires individuellement, sur les fonds des Sociétés indigènes de prévoyance. Il est également pourvu, en cas de nécessité, à leur nourriture et à celle de leurs animaux en attendant la prochaine récolte.

Les membres de la djemat-el-felaha sont tenus d'effectuer les cultures selon les méthodes modernes, et de suivre rigoureusement les directives qui leur sont données par le chef de culture.

Lors de la réalisation de la récolte, le Conseil d'administration prélève la part fixée pour le remboursement ou l'amortissement des prêts reçus et la constitution d'un fonds de réserve. Le reste est remis aux sociétaires. L'Inspecteur de l'enseignement professionnel attaché à la Direction des Affaires indigènes s'occupe de la création et du contrôle de ces associations.

On trouvera, ci-après, les résultats acquis par les djemâat-el-felaha actuellement constituées et qui sont au nombre de 5 :

Djemat-el-Felaha des Eulma

Cette association, créée depuis 3 ans, comprend 28 sociétaires, parmi lesquels 14 sont khammès et cultivent des communaux loués au douar Ouled-Sabor. Groupés par deux, ils travaillent avec une Brabant double, 4 bœufs, un mulet, une herse. 6 d'entre eux ont non seulement remboursé leur cheptel, mais encore réalisé un capital d'environ 10.500 francs. 8 autres doivent encore leurs avances qui sont, d'ailleurs, largement garanties par leur cheptel et leurs récoltes. Enfin, les 14 sociétaires qui restent sont des fellahs possédant déjà des terrains. Ceux-ci ont reçu des Brabant doubles et des animaux de labours. 2 ont, à l'heure actuelle, payé ce qu'ils doivent et conservent un bénéfice d'environ 1.200 francs. Les 12 autres ont, de leur côté, amorti partiellement leurs dettes.

La situation satisfaisante de la djemâa se résume ainsi : au cheptel possédé par les sociétaires, s'ajoute le matériel utilisé en commun : une moissonneuse, un semoir, un aplatisseur. Le bétail est assuré. Un fonds de réserve a été créé à l'aide des remboursements effectués par une partie des associés et des intérêts des fonds placés. Ce fonds, qui est actuellement de 36.700 francs permettra, le cas échéant, de faire face aux conséquences de récoltes déficitaires.

En un mot, malgré plusieurs années agricoles défavorables dans la Colonie, l'actif de la Société des Eulma s'établit ainsi :

Cheptel vif, matériel....................	50.000	»
Espèces en caisse......................	51	»
Fonds déposés à la Compagnie Algérienne.	88.529	18
Approvisionnements en blé, orge et avoine..	47.802	55
Total.............	186.382	73

Le passif étant de 164.200 francs dont 160.000 frs dus à la Société indigène de prévoyance et 4.200 frs à la commune pour location de terrains, le bénéfice se trouve être de 22.182,75, somme à laquelle s'ajouteraient 14.000 francs employés à la constitution d'un quatrième groupe de khammès.

Les emblavures comprennent 340 hectares, dont 120 en blé, qui promettent un rendement avantageux. Les espérances sont moindres en ce qui concerne les orges et les avoines.

Les résultats obtenus par cette djemaat-el-felaha sont dus en grande partie, au zèle de l'autorité locale et surtout à la collaboration éclairée et dévouée de M. Charles Lévy, délégué financier, qui, par ses encouragements et ses conseils, a beaucoup contribué à la réussite de l'œuvre.

Djemat-el-Felaha des Rhira

Cette Société eut malheureusement de mauvais débuts en 1921. Les cultures faites sur chaume ne donnèrent, par suite de la sécheresse, que de très faibles rendements. Le déficit a atteint 14.000 francs, mais il est permis de prévoir qu'il sera comblé et au delà par la récolte prochaine, car les sociétaires ont ensemencé 157 hectares en orge et 20 hectares en blé et ces cultures, qui viennent d'être assurées contre la grêle, offrent un bel aspect.

Djemat-el-Felaha d'Oum-el-Bouaghi

Ici, également, le début fut mauvais en 1921. A la suite de la récolte réalisée en 1922, la situation s'établissait pourtant comme ci-après :

Cheptel et matériel.................... 48.392 50
Espèces en caisse.................... 304 28
Espèces en banque.................... 27.500 »
Approvisionnements en céréales...... 39.088 »

Total.............. 115.284 78

Le passif s'est balancé avec l'actif grâce aux rendements obtenus par 20 sociétaires cultivant avec la Brabant double, 4 bœufs et un mulet.

Une écurie a été construite.

Les récoltes en terre qui couvrent une superficie de 143 hectares en blé, 160 hectares en orge et 20 hectares en avoine, ont bel aspect et leur rendement paraît devoir dépasser la moyenne.

Djemat-el-Felaha de Tablat

L'association comprend 31 sociétaires : 18 au titre de khammès et 13 fellahs. Elle cultive une superficie de 320 hectares pris en location. Sur les 13 fellahs faisant partie de la djemâa, 9 ont entièrement payé leurs dettes qui variaient de 1.200 à 2.500 francs. Les emblavures qui ont été faites, cette année, dans d'excellentes conditions, promettent une bonne récolte.

Djemat-el-Felaha de Zemmora

L'association, créée depuis un an, comprend 25 sociétaires : 7 ont été établis comme khammès sur des terres louées ; les 18 autres sont des fellahs qui ont fourni la terre et reçu de la djemaat le cheptel nécessaire. Parmi ces derniers, trois ont remboursé toutes leurs dettes, soit plus de 8.000 francs. Les 15 autres en ont remboursé déjà une bonne partie.

Au mois de septembre dernier, l'actif de la Société s'élevait à 115.000 francs. Les sociétaires ont effectué, cette année, des labours préparatoires sur une superficie de 130 hectares. Ils ont semé 140 quintaux de blé, 138 quintaux d'orge et ensemencé 14 hectares de fèves et 17 hectares de gesses.

La récolte s'annonce comme bonne, et il est permis de penser que la plupart des sociétaires seront en mesure de rembourser leurs dettes à l'association.

Il convient de remarquer que les membres de ces Sociétés ont pu vivre de leurs cultures durant les dernières années déficitaires, qu'il n'y a pas eu lieu de les secourir et que tous ont payé l'impôt.

En somme, Centres d'éducation et Djemâat-el-Felaha concourent, en matière agricole, par des voies différentes, au même but : améliorer les procédés de travail de la population indigène rurale, et accroître sensiblement sa production.

Par la façon extrêmement simple dont ils sont conçus et organisés, les Centres ne peuvent prétendre à donner un enseignement professionnel proprement dit.

Les établissements d'enseignement agricole ou professionnel reçoivent les jeunes gens qui, après avoir parcouru le cycle de leurs études primaires, désirent commencer un véritable apprentissage pour devenir des ouvriers complets ou des contremaîtres.

Les Centres d'éducation dont le caractère est tout différent, s'adressent, non pas à une clientèle de cet ordre, mais à la masse même des travailleurs indigènes pour l'amener à accroître ses facultés productives et à augmenter ainsi son bien-être matériel.

Dans les régions où la colonisation française est solidement établie, le colon est, à la fois, le modèle et le meilleur éducateur de l'indigène qui se perfectionne constamment à son contact. Or, c'est une initiation du même genre qui est poursuivie par les Centres dans les douars, où l'élément européen est rare, et où l'action bienfaisante des colons éducateurs ne peut pas suffisamment s'exercer.

L'évolution économique des indigènes constitue en Algérie un des problèmes les plus pressants, et elle a une importance qu'aucun esprit averti ne saurait contester. Elle tiendra, de plus en plus, sous sa dépendance, la sécurité et la prospérité du pays.

Secouer la torpeur native de la masse indigène dans le sens du travail, obtenir d'elle qu'elle renonce à ses procédés surannés pour rendre son domaine foncier plus fertile et lui procurer, dans les divers métiers, la main-d'œuvre indispensable, voilà ce que l'administration attend des créations qui sont faites dans les communes mixtes, et dont le succès est assuré grâce au dévouement que le personnel des administrateurs est prêt à y consacrer.

Comment pourrait-on assurer, dans l'avenir, l'existence normale d'une population aborigène dont le nombre s'accroît, comme on le sait, rapidement, sinon en perfectionnant ses méthodes de culture.

et ses procédés de travail? Et qui pourrait nier l'utilité de toute entreprise tendant à ces fins?

Fellahs et artisans aimeront davantage la terre devenue plus riche, ou le métier plus rémunérateur, et ainsi se développera, dans la population musulmane, la classe moyenne qui sera un élément particulièrement précieux d'équilibre social.

Les résultats déjà constatés dans les Centres d'éducation permettent de préjuger des services que ces institutions sont appelées à rendre et ils justifient pleinement les sacrifices consentis sur le budget de la Colonie, pour aider les communes à réaliser ces créations. La dépense n'est, au surplus, que momentanée, car, une fois installés, les Centres arriveront, dans un court délai, à assurer leur fonctionnement par leurs propres moyens, à l'aide des ressources provenant du domaine qu'ils mettent en exploitation et du travail des apprentis.

COMMUNE MIXTE DE..

—

REGISTRE DE CULTURE

DES DOUARS ....

—

(A la suite des fellahs de chaque fraction, on ajoutera les noms des khammès
et ouvriers agricoles résidant dans ces fractions).

Table A — PRÊTS, SUPERFICIE des terres ensemencées, NOMBRE d'instruments aratoires, NOMBRE d'animaux de labours possédés

NOMS des Fellahs	Superficie des terres possédées	PRÊTS — Blé (Quintaux)	PRÊTS — Orge (Quintaux)	PRÊTS — Animaux	PRÊTS — Charrues	PRÊTS — Herses	PRÊTS — Espèces	SUPERFICIE ensemencées — Blé dur	Blé tendre	Orge	Avoine	Fèves	Instruments — Charrues françaises ou améliorées	Charrues arabes	Herses	Animaux de labours — Bœufs	Chevaux et mulets	Ânes
ZEMMORAH MIXTE (Douar Beni-Dergoun)																		
Ben Aïcha Mohammed	15	1	3	»	»	»	»	2	1	7	»	»	1	»	»	»	2	1
Maghzaz Bekhoda	15	»	6	»	1	»	»	1	»	3	»	»	1	»	»	»	2	1
Lakhdar Habib	15	»	6	»	»	»	»	3	1	9	»	»	»	1	»	»	2	1
Taïbi Mohammed	16	»	2	1 b.	»	»	»	3	»	9	»	»	»	1	»	2	»	1
Belmoktar Mohammed	9	2	6	1 r.	»	»	»	2	»	7	»	»	1	»	»	2	»	»
Benaouda Ahmed Laïd	10	»	3	»	1	»	»	2	»	5	»	»	»	»	»	2	»	1
Hatab Mohammed	100	»	6	»	»	»	»	10	»	15	»	»	»	2	1	2	4	2
Bennhmed Moktar	60	2	»	»	1	1	»	»	20	20	»	»	2	2	1	2	8	2
FEDJ'M'ZALA MIXTE — Douar Ghomeriane																		
Bouchareb Ahmed	18	»	»	»	»	»	100	8	»	»	»	»	1	1	1	4	2	1
Bouchareb Mossaoua	9	»	»	»	»	»	100	4	»	»	»	»	»	1	»	»	»	»
Bramki Amar	200	»	»	»	»	»	»	60	»	30	»	»	2	4	»	12	8	4
Mehani Mohammed	14	»	»	»	»	»	100	4	»	»	»	»	»	1	»	2	1	»
M'ralifa Mohammed	15	»	»	»	»	»	100	5	»	1	»	»	»	1	»	»	»	»
Abdallah ben Amar	35	»	»	»	»	»	200	15	»	8	»	»	»	2	»	4	2	»
Chekroud Lakdar	40	»	»	»	»	»	300	20	»	10	»	»	1	2	»	4	5	»
Boussaa Saïd	10	»	»	»	»	»	200	6	»	4	»	»	»	1	»	»	2	»
Kebbeb Amoud	20	»	»	»	»	»	»	8	»	4	»	»	»	1	»	»	2	»

Table B — NOMBRE d'animaux de commerce, RENDEMENTS, NOMBRE d'arbres fruitiers, OBSERVATIONS, NOMBRE d'hectares propres à la culture et laissés incultes

NOMS des Fellahs	Animaux de commerce — Bovins	Chevaux et mulets	Ovins et caprins	Superficie des labours préparatoires	Rendements — Blé dur	Blé tendre	Orge	Avoine	Fèves	Nombre d'hectares cultivés en bechnat, bois chériks	Rendements moyens à l'hectare	Arbres fruitiers — Oliviers greffés	Figuiers	Caroubiers	Orangers	Oliviers sauvages	OBSERVATIONS (Indiquer si les terres sont défrichées : D, non défrichées : N. D.)	Hectares — aux particuliers	à la commune
ZEMMORAH MIXTE (Douar Beni-Dergoun)																			
Ben Aïcha Mohammed	»	1	4	2						»		1	10	»	»	3	D	5	
Maghzaz Bekhoda	»	1	6	»						»		»	»	»	»	»	D	11	
Lakhdar Habib	1	1	7	»						»		3	16	»	»	5	D	2	
Taïbi Mohammed	2	1	5	»						»		»	»	»	»	»	D	4	
Belmoktar Mohammed	»	1	12	»						»		»	»	»	»	»	D	»	
Benaouda Ahmed Laïd	2	»	10	»						»		»	»	»	»	»	D	3	
Hatab Mohammed	6	2	26	»						5		12	30	»	»	20	30 h. N D	40	
Bennhmed Moktar	3	1	30	10						»		15	27	»	»	15	5 h. N D	5	
FEDJ'M'ZALA MIXTE — Douar Ghomeriane																			
Bouchareb Ahmed	2	2	»	»						»		10	20	»	»	7	D	10	
Bouchareb Mossaoua	»	»	»	»						»		»	5	»	»	»	D	5	
Bramki Amar	20	3	80	»						10		15	20	»	»	30	10 N D	90	
Mehani Mohammed	2	»	15	»						»		»	4	»	»	»	D	10	
M'ralifa Mohammed	»	»	»	»						»		»	5	»	»	»	D	9	
Abdallah ben Amar	»	»	»	»						»		4	12	»	»	7	D	12	
Chekroud Lakdar	3	»	35	5						3		»	16	»	»	»	D	7	
Boussaa Saïd	1	»	»	»						»		»	3	»	»	»	D	»	
Kebbeb Amoud	2	»	»	»						»		»	4	»	»	»	D	8	

L'examen de ces états partiels montre l'action que devront exercer les chefs de culture auprès des fellahs. Par exemple, avec ou sans l'aide de la Société de Prévoyance, Lakhdar Habib, Taïbi Mohammed, Benaouda Ahmed, Hatab Mohammed, du douar Beni-Dergoun ; Mehani Mohammed, M'ralifa, Abdallah ben Amar, Kebbeb Amoud, du douar Ghomeriane, devront utiliser des charrues françaises, et faire des labours préparatoires ; Hatab Mohammed doit augmenter ses emblavures ; Maghzaz Bekhoda n'a même pas ensemencé les 6 quintaux d'orge qui lui ont été prêtés par la Société de Prévoyance ; Taïbi et Belmoktar, des Beni-Dergoun, ont parfaitement utilisé les prêts de semences et d'animaux qui leur ont été consentis. En outre, si l'on exa-

mine dans son ensemble la situation du douar Ghomériane, on s'aperçoit que 93 fellahs possèdent 1.456 hectares, dont environ 500 sont restés incultivés ; ils ont emblavé 682 hectares de blé dur, 264 hectares d'orge et 10 hectares d'avoine, avec *11 charrues françaises* et 112 charrues arabes. *30 hectares de labours préparatoires* seulement ont été faits. Ces nombres montrent clairement ce qu'il y a à faire. Il va de soi que le nombre des charrues françaises et la superficie des labours préparatoires devront aller constamment en progressant. Les rendements moyens des diverses récoltes étant connus, ainsi que le nombre des animaux possédés, on est ainsi fixé sur la situation économique des fellahs placés sous le contrôle des chefs de culture des Centres d'éducation.

www.ingramcontent.com/pod-product-compliance
Ingram Content Group UK Ltd.
Pitfield, Milton Keynes, MK11 3LW, UK
UKHW022344170726
13837UKWH00005BA/2409